JN071080

著 **野田 佳邦**
Yoshikuni Noda

ちょさく犬が答える！

SNS時代の著作権

三恵社

＜目　次＞

短大生からの質問約 900 件のうち、特に多かった質問を合計 100 件以上紹介しているよ！

※本書に掲載されている情報の内容について、いかなる保証も行いません。万一、これらの情報に誤りがあった場合においても一切の責任を負いかねます。

ちょさく犬

ちてきざいさん犬

ちょさく
じんかく犬
（あまり出ない）

著作権 ってなに？

著作権というのは「一定の条件を満たす"表現"を創作した人に与えられる権利」で、プロとかアマチュアとか年齢とか関係なく、創作したらその瞬間に権利が生まれるよ。例をあげると、イラスト、文章、映画、マンガ、音楽、写真など…！みんなこれまで学校やプライベートでたくさん創作してきたはずだから、たくさん著作権を持っているんだよ。一口に「著作権」と言っても、具体的には、図に示すような細かい権利の束になっていて、1つ創作すると、その表現についてこれだけたくさんの権利が生まれるんだ！また、「財産権」は権利そのものを売ったり買ったりすることができるよ。

「著作権は自分に関係ない」と思うのは間違いなんだなあ…

< ざっくり言うと… >

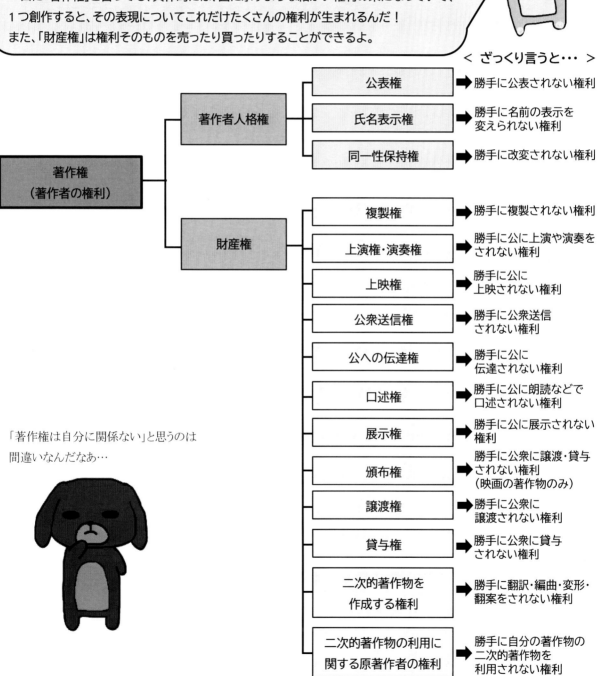

			ざっくり言うと…
著作権（著作者の権利）	著作者人格権	公表権	➡ 勝手に公表されない権利
		氏名表示権	➡ 勝手に名前の表示を変えられない権利
		同一性保持権	➡ 勝手に改変されない権利
	財産権	複製権	➡ 勝手に複製されない権利
		上演権・演奏権	➡ 勝手に公に上演や演奏をされない権利
		上映権	➡ 勝手に公に上映されない権利
		公衆送信権	➡ 勝手に公衆送信されない権利
		公への伝達権	➡ 勝手に公に伝達されない権利
		口述権	➡ 勝手に公に朗読などで口述されない権利
		展示権	➡ 勝手に公に展示されない権利
		頒布権	➡ 勝手に公衆に譲渡・貸与されない権利（映画の著作物のみ）
		譲渡権	➡ 勝手に公衆に譲渡されない権利
		貸与権	➡ 勝手に公衆に貸与されない権利
		二次的著作物を作成する権利	➡ 勝手に翻訳・編曲・変形・翻案をされない権利
		二次的著作物の利用に関する原著作者の権利	➡ 勝手に自分の著作物の二次的著作物を利用されない権利

＜ 著作隣接権 ＞

著作権だけでなく「著作隣接権」という権利もあるよ。
これは、創作した人ではなく、創作されたコンテンツの流通に重要な役割を
果たす人に対して与えられる、著作権に似た権利だよ。
著作隣接権は「実演家」、「レコード製作者」、「放送事業者」、「有線放送事業者」
だけに与えられるんだ。

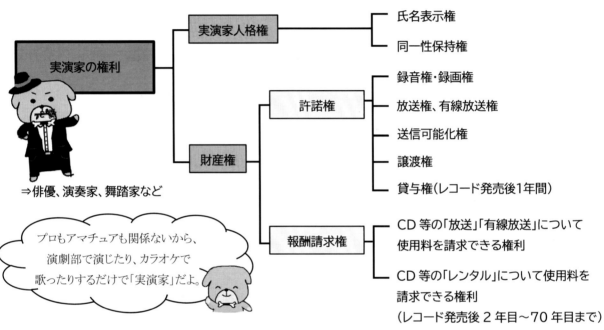

実演家の権利 ⇒俳優、演奏家、舞踏家など

- 実演家人格権
  - 氏名表示権
  - 同一性保持権
- 財産権
  - 許諾権
    - 録音権・録画権
    - 放送権、有線放送権
    - 送信可能化権
    - 譲渡権
    - 貸与権(レコード発売後1年間)
  - 報酬請求権
    - CD 等の「放送」「有線放送」について使用料を請求できる権利
    - CD 等の「レンタル」について使用料を請求できる権利(レコード発売後 2 年目〜70 年目まで)

プロもアマチュアも関係ないから、
演劇部で演じたり、カラオケで
歌ったりするだけで「実演家」だよ。

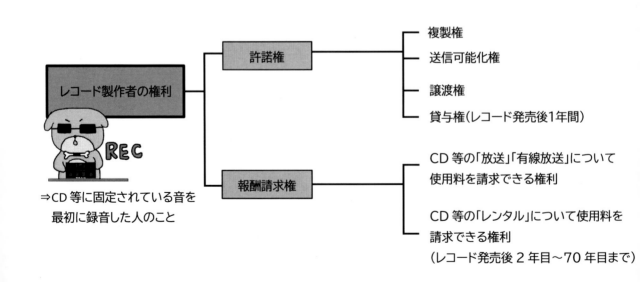

レコード製作者の権利 ⇒CD 等に固定されている音を最初に録音した人のこと

- 許諾権
  - 複製権
  - 送信可能化権
  - 譲渡権
  - 貸与権(レコード発売後1年間)
- 報酬請求権
  - CD 等の「放送」「有線放送」について使用料を請求できる権利
  - CD 等の「レンタル」について使用料を請求できる権利(レコード発売後 2 年目〜70 年目まで)

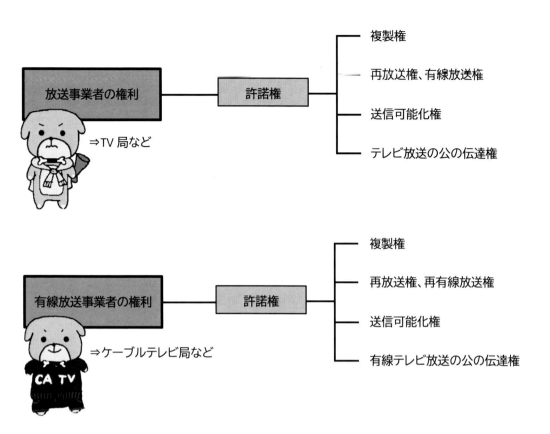

放送事業者の権利
⇒TV 局など

許諾権
- 複製権
- 再放送権、有線放送権
- 送信可能化権
- テレビ放送の公の伝達権

有線放送事業者の権利
⇒ケーブルテレビ局など

許諾権
- 複製権
- 再放送権、再有線放送権
- 送信可能化権
- 有線テレビ放送の公の伝達権

1つのCDにこれだけの権利が
関係しているなんて…！

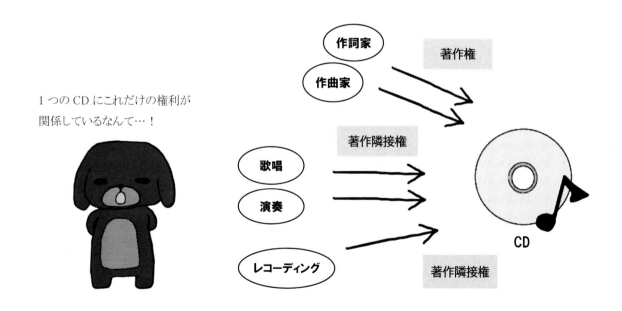

作詞家
作曲家
著作権

著作隣接権
歌唱
演奏

レコーディング
著作隣接権

CD

＜ 権利が制限される場合 ＞

誰かのコンテンツを使いたい時、基本的には、著作権をもっている人に
許可をもらう必要があるよ。
例えば、他人のイラストをコピーしたい時、イラストの複製権を持っている
人に許可をもらう必要がある。でも、みんなTV放送されたアニメを勝手に
レコーダーなどで録画したりしているよね？
それは、権利がなくても勝手に使える場合があるからなんだ！
次のような場合は、著作権が制限される(権利が及ばない)ので、例外的に
利用できるというルールになっているよ！

◆ 私的使用のための複製(第30条)
◆ 付随的著作物の利用(第30条の2)
◆ 図書館等における複製(第31条)
◆ 引用(第32条)
◆ 学校その他の教育機関における複製等(第35条)
◆ 試験問題としての複製等(第36条)
◆ 営利を目的としない上演等(第38条)
◆ 政治上の演説等の利用(第40条)
◆ 時事の事件の報道のための利用(第41条)
◆ 美術の著作物等の原作品の所有者による展示(第45条)
◆ 美術の著作物等の展示に伴う複製等(第47条)
◆ プログラムの著作者の複製物の所有者による複製等(第47条の2)
◆ 保守、修理のための一時的複製(第47条の3)
◆ 翻訳・翻案等による利用(第47条の6)　　　　　など

他にもまだいっぱいあるよ

SNS

動画サイト

学生生活

芸能

デザイン

ライブ／映像

アニメ／ゲーム

本／写真

その他趣味

二次創作

制度

海外

ビジネス

取締り／裁判

SNS についての質問

【Q1】

Twitter のリツイート（※）で、画像を無断転載している人のツイートをリツイートした場合、リツイートした人も著作権侵害になるという話を聞きました。

でもリツイートする時にそのツイートが無断転載かどうかなんて確かめようがないし、仕方ないんじゃないかと思います。このままだったら何もリツイートできなくなりそうで怖いです…。

（※）拡散・共有したい誰かのツイートを自分のタイムラインに流すことができる機能。

Answer！

はじめまして、ちょさく犬です。みんなの質問に答えます。よろしくね。

冒頭からいきなり大きなテーマの質問が来ましたね。

リツイート事件のことですね。リツイート事件では、他人の写真を Twitter に無断転載した人のツイートをリツイートした人も著作権侵害になるか否かが争われました。

第一審では、リツイートした人の著作権侵害は否定されましたが、控訴審では、リツイート時に写真の改変が行われるという点が指摘され、リツイートした人の行為も著作権（同一性保持権・氏名表示権）侵害であると認定されました。個人的には最高裁では柔軟性のある判断をしてほしいと思っていたのですが、残念ながら最高裁でも著作権の侵害と判断されました。

ですが、この改変というのは Twitter の仕様であって、リツイート者が写真を改変しようと意図して行っているわけではありませんので、あなたの気持ちはとてもよく分かります。

リツイートするときにそのツイートが無断転載かどうか確認するのも現実的ではないと思います。

このように情報化社会の発展と著作権のルールの間に乖離があることはよくあります。

この判決からは「他人の画像ツイートをリツイートすることにはリスクあり」と肝に銘じるしかありませんが、これからのネット社会を担う皆さんには、絶えず著作権の保護と利用のバランスを意識し続けてほしいです。

リツイートする前に
本当にリツイートしても
大丈夫かどうか考えようね！

【Q2】

パクツイ(※)は著作権等的にどうなのですか？
元のツイートをした人が嫌だと思えばダメなのでしょうか？
(※)Twitter 上で誰かが投稿(ツイート)した文章や画像を、そのまま真似して(パクって)投稿すること。

これは大丈夫

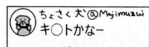

Answer！

Twitter は短文なので、そもそも元のツイート自体が著作物(※)ではない(著作権が無い)ことも多いと思います。
元のツイートが著作物と認められるものであれば、パクツイは著作権侵害になり得ると思います。
(※)著作権の対象となるもの。著作物を創作すると著作権が発生する。

【Q3】

手紙が著作物(※)なら、LINE のやり取りなども著作物なのですか？また LINE のやり取りをスクショして
Twitter にあげることは著作権侵害にあたりますか？(スクショを SNS に載せたりする人をたまに見るので。)
(※)著作権の対象となるもの。著作物を創作すると著作権が発生する。

やり取りした相手に掲載許可をとる！
スタンプや画像は載せない！(キャラの絵文字なども！)
アイコン(プロフィール画像)は隠す！

Answer！

LINEのメッセージが著作物かどうかは文章の長さにもよります。
「あー今日もだるいね」とか「大草原www」のような短文は著作物にはなりません。
LINE は相手だけに見せるつもりでメッセージのやり取りをしていますから、スクショして Twitter にあげることはむしろプライバシー権の問題だと言えます。
また、Twitter にあげたスクショ画像に顔写真が写っていれば肖像権の問題、スタンプが含まれていれば著作権の問題にもなるでしょう。

S
N
S

動画サイト

学生生活

芸能

デザイン

ライブ/映像

アニメ/ゲーム

本/写真

その他趣味

二次創作

制度

海外

ビジネス

取締り/裁判

【Q4】

YouTube の「踊ってみた」「歌ってみた」「弾いてみた」の動画を出している人は、
わざわざ曲の使用許可をもらっているのですか?無断でやっても問題ないのですか?

Answer!

「踊ってみた」「歌ってみた」「弾いてみた」等の動画の作成に必要なものとして、
①「楽曲(メロディ)」、②「歌詞」、③「振付け」、④「音源(演奏や歌唱含む)」の4つがありますね。
「踊ってみた」は①②③④を、「歌ってみた」は①②④を、「弾いてみた」は①を使用することが多い
と思います。

①②は JASRAC 等が管理していることが多いのですが、YouTube が皆さんの代わりに
JASRAC 等に膨大なお金を支払ってくれているので(包括契約といいます)、JASRAC 等が
管理している曲であればユーザーは原則自由に使うことができます。
(参考)https://www.jasrac.or.jp/news/20/interactive.html
③は振付師が著作権を持っていることも多いと思いますが、YouTube が代わりに使用料を払っ
てくれているわけではないので、無断でやれば著作権侵害になるリスクはあります。
④は著作隣接権という権利があります。これは各レコード会社が権利を持っていることが多いの
ですが、YouTube は各レコード会社と契約しているわけではないので、無断で動画配信すれば
侵害になるリスクはあります。

ということで、無断でやっても問題なさそうだと言えるのは「弾いてみた」くらいでしょうか。
「歌ってみた」も音源を使用しなければ OK な場合が多いと言えるでしょう。

アカペラなら
良いのかな?

【Q5】

インスタグラムで芸能人が公式であげている動画やインスタライブなどは、スクショして自分の SNS にあげても著作権の侵害にはならないんですか？

嫌がられることはやめよう！

Answer！

動画が著作物だとして、自分のストーリーなどに使用するためには、動画を複製して、それをインスタにアップロード（公衆送信）しますよね？ですから、無断でやれば複製権や公衆送信権の侵害になり得ます。

また、芸能人の顔や氏名にはパブリシティ権という権利が認められていて、このあたりも注意する必要があります。ファン活動として無断で SNS にあげることを OK としている芸能人もいますが、許可していない芸能人も多くいます。結局は、芸能人のポリシーによるかと思います。

【Q6】

YouTube やニコニコ動画は運営側が JASRAC 等にお金を支払っているから「歌ってみた」をアップできるということがわかりましたが、Twitter やインスタにはアップしてはいけないということですか？

Answer！

Twitter は 2020 年 11 月現在、JASRAC 等と包括契約をしていないので、Twitter で「歌ってみた」を上げる行為は、ルール上は NG ということになります。
なお、インスタ（Instagram）は JASRAC と包括契約しているようです。
【利用許諾契約を締結している UGC サービスの一覧】
https://www.jasrac.or.jp/news/20/ugc.html

カラオケツイートもダメだよ！

S
N
S

動画サイト

学生生活

芸能

デザイン

ライブ/映像

アニメ/ゲーム

本/写真

その他趣味

二次創作

制度

海外

ビジネス

取締り/裁判

【Q7】

Twitter にテレビの歌番組などをあげたり、それを見たりすることは、何らかの侵害になりますか？

TV 番組には権利が
たくさん絡んでいるよ！

Answer！

TV 局は放送事業者としての権利（著作隣接権）を持っていて、TV で演奏や歌唱をしている人も実演家としての権利（著作隣接権）を持っています。
Twitter に TV 番組の様子が無断転載されているケースは多いですが、これは、放送事業者の「複製権」「送信可能化権」や、実演家の「録音・録画権」「送信可能化権」等の問題になり得ます。
それと、歌番組ではアーティストの演奏・歌唱も入っているでしょうから、歌詞・楽曲の著作権（「複製権」や「公衆送信権」）にも触れるでしょう。
加えて、アーティストの顔も写っているでしょうから、肖像権の問題もあるかもしれません。
さらにいうと、そのように Twitter に違法にアップされた歌番組の動画やスクショのツイートを拡散すると、リツイート事件のようにあなたが侵害とされるリスクもあります。

【Q8】

LINE や Twitter などで芸能人の写真をアイコン（プロフィール画像）にする人がいますが、これは大丈夫なんだろうかと疑問に感じました。芸能人は顔を出すことが仕事だからいいのでしょうか？

Answer！

被写体である芸能人本人や、元の写真を撮影した人の意向によりますね。商用利用でなければファンの行為として黙認されていることもあるかもしれません。
ただ、SNS のアイコン（プロフィール画像）等は芸能人のなりすまし被害や意図しない二次利用を生むという側面もあり、公式が「やめてください」とはっきり表明している場合もあります。

手腹 莉乃 のオタク
@teharanpo

てっはー推しです！
JK2/大分/同担○
#手腹莉乃ファンと繋がりたい
#安定さん探してます

♡5 ⏎56 ♡15

(推) 推ししか勝たん
@tehapi234
FF外から失礼します。てっはーの写真をアイコンにするのやめてください。

芸能人の写真を使うのは
やめておこう…

【Q9】

TikTok で利用者が既存の曲をアレンジして踊ることがあるらしいのですが、問題に発展しないんでしょうか？
原曲を使う時点で著作権を侵害していますよね？

侵害してバズっても
うれしくないよね！

Answer！

TikTok でダンスしたらあざといって言われて落ち込んでいるちょさく犬です。
TikTok は 2020 年 11 月現在、JASRAC と包括契約しているようです。
また、ソニー・ミュージックマーケティング等いくつかの会社とも提携して既存曲を
使用可能にしているようです。
ただし、許諾されていない楽曲を使用したり、勝手に編曲したりする行為はアウト
だと思います。

【Q10】

私はカラオケに行ったときに歌っている時の画面をインスタに載せていたのですが、カラオケ動画をネットにアップすることが公衆送信権（※）の侵害になると聞いてびっくりしました。歌詞が映ることが NG なんですか？
それとも流れている映像が NG ですか？　　　　　　　（※）著作権の1つ。ネットなどで公衆に送信する権利。

Answer！

まず、歌詞も著作物なので、カラオケの歌詞を写真としてインスタに載せる場合、包括契約で許諾された歌詞
でなければ厳密にいえば歌詞の著作権（公衆送信権）の侵害になろうかと思います。
また、カラオケの様子を動画としてインスタのストーリー等に投稿する場合、通常、歌詞・楽曲・カラオケ音源の
3つを載せることになると思います。このうち、歌詞・楽曲は JASRAC 等に著作権があることが多いですが、
カラオケ音源は第一興商（DAM）などの事業者が著作隣接権を持っていると思われます。
インスタや YouTube に載せる場合について考えてみると、両社は JASRAC 等と包括契約していますので、
JASRAC 等の歌詞・楽曲については無断で載せても OK！となりそうですが、カラオケ音源については
JASRAC 等が管理していませんので、無断で載せたらアウトになります（実際に裁判例があります）。
ということで、結局インスタだろうと YouTube だろうとカラオケの様子をアップできないことになります。
カラオケ行きたい。

「楽曲・歌詞」と
「カラオケの音源」は
別物だよ。

豊後水道はいいね

国東半島もいいね

別府湾素敵だね

【Q11】

WebサイトやTwitter、インスタで著作権侵害をしている人には警告が来ますが、それは誰が見つけるんですか？運営の人が巡回とかしてるんですか？また、どのように罰せられるのですか？

無断転載みつけた！！
許さない！通報！！

Answer！

人海戦術で見つけている場合もあるでしょうし、自動検出プログラムで巡回もしているでしょうし、第三者からの通報もあると思います。
ちょさく犬は悪質な無断転載を見かけたら即通報しています。

～リツイート事件～（最高裁 令和2年7月21日判決）

原告A（写真家）が、Twitter上で自身の写真の著作権侵害行為が行われたとして、Twitter社に対し発信者情報の開示を求めた裁判です。

◆アカウント1は、Aの写真を無断で自分のTwitterプロフィール画像にしていました。
◆アカウント2は、Aの写真を無断でツイートしていました。
◆アカウント3～5は、アカウント2の無断ツイートをリツイートしました。

皆さんは、アカウント1～5の誰が著作権を侵害していると思いますか？
知財高裁及び最高裁では、なんとアカウント1～5のすべてが著作権侵害であると判断されました。
皆さんの肌感覚と比べて如何でしょうか？
アカウント1、2は無断転載をしていますので、明らかな著作権侵害です。この2人についてはTwitter社もかばってくれるはずはなく、裁判でも争いになりませんでした。
しかし、アカウント3～5はどうでしょう？他人のツイートをリツイートしただけで著作権侵害になってしまうという判断について皆さんはどう感じますか？
裁判所ではその理由として、リツイート時にタイムライン上での写真が改変され（上下がトリミングされ）著作者名の表示が消えてしまった点が挙げられていました。Twitterの仕様なので仕方がないような気もするのですが、他人のツイートを安易にリツイートすることにもリスクがあると言えるでしょう。

動画サイト についての質問

P18 のコラムも読んでみて～

【Q1】

YouTube でよく見る「歌ってみた」動画は著作権侵害になりますか？

Answer！（「SNS」のQ4も参考にしてね）

他人の歌詞・楽曲は著作物ですから、無断で<u>公</u>に歌ってみること自体は演奏権（公に演奏する権利）の問題になります。しかし、非営利かつ無料であれば例外的に演奏できるとされています。

次に、その歌ってみた様子を動画として投稿する行為を考えてみます。歌詞・楽曲の権利者（JASRAC 等）は、「公衆送信権」（勝手にネットへアップされない権利）を持っていますので、「歌ってみた」動画を無断で投稿すると公衆送信権の侵害となり得ます。

しかし、YouTube やニコニコ動画は、JASRAC 等に著作権利用のためのお金を支払っているため（包括契約といいます）、ユーザーは JASRAC 等管理曲の歌詞・楽曲のほとんどを自由に投稿することができるようになっています（※投稿する人はよく調べてくださいね）。

ただし、音源についてはレコード会社が権利を持っており、YouTube やニコ動はすべてのレコード会社と包括契約を行っているわけではないため、音源は使えないことが多いです。

【Q2】

非営利かつ無償なら他人の楽曲を歌ってみても OK ということですが、YouTube で配信する場合など、広告でお金を貰って利益が発生する場合はどうなりますか？

Answer！

他人の楽曲を家で歌ってみることは自由です。また、公衆の面前で歌ってみることも、非営利・無償であれば OK です。

歌ってみた動画の YouTube への投稿も、YouTube が包括契約している楽曲で、かつ、音源を使わなければ包括契約により OK のはずですが、「動画を YouTube に載せて広告収入を得るために公衆の面前で歌う」のであれば、そもそもの歌唱が非営利ではないといえるかもしれませんね。

広告はつけずに
投稿するのが良さそう

ちょさく犬が歌ってみた

Lemonade/ 米八旨イ

S
N
S

動画サイト

学生生活

芸能

デザイン

ライブ／映像

アニメ／ゲーム

本／写真

その他趣味

二次創作

制度

海外

ビジネス

取締り／裁判

【Q3】

私は「歌ってみた」「踊ってみた」が好きでよく見ます。以前「恋ダンス」の動画削除のことがニュースに
なりましたよね？ほかの動画は著作権侵害の対象とはならないのでしょうか？
また、他人の「歌ってみた」動画を音源として使った「踊ってみた」動画などはどうなりますか？

Answer！

見落としがちですが、ダンスの振付けも著作物です（創作性のあるものに限りますが）。
なので、無断でダンスを動画配信する行為は振付けの著作権の侵害となる可能性もあります。
また、「歌ってみた」動画には歌い手さんの歌唱（実演）が含まれていますので、無断で音源として使う
と権利侵害になる可能性があると言えるでしょう。
ですが、実際には踊り手さんが歌い手さんに許可を取っている場合も多いのではないでしょうか。

許可はとろう！！

【Q4】

歌い手は初音ミクなどが歌っている音楽を歌い、YouTube やニコニコ動画に載せていますが、
それは著作権違反なのでしょうか？

Answer！

JASRAC 管理曲など包括契約の対象となっている曲であったり、
作詞・作曲者が OK していれば大丈夫ではないでしょうか。

中には違反している人も
いるかもしれないね

【Q5】

ニコニコ動画などで、元の楽曲にアレンジを加えて、歌ってみたや弾いてみたをあげているのをよく見かけます。ニコニコ動画は JASRAC に使用料を払っているから、それも侵害にはならないのでしょうか？
曲を作っている人に利益は還元されるのでしょうか？

アレンジするときは
注意してね！

Answer！

YouTube とニコ動は JASRAC と包括契約をしていて、年間の著作権使用料を払っていますので、最終的には作詞者・作曲者に利益が還元されると言えると思います。
ただし、歌詞やメロディをそのまま使う場合であれば問題なさそうですが、改変は同一性保持権などの問題になり得ますので、アレンジには注意が必要かと思います。

【Q6】

ゲーム実況を YouTube で放送するのは特に問題ないのでしょうか？著作権の侵害になりませんか？
（ゲームの音声や BGM にも著作権があると思うのですけど…）

Answer！

通常は、ゲームの著作権の許諾が必要になりますね。
ただ、収益化も含めて実況OKとしているタイトルもありますし、ゲーム機本体の共有機能を用いる分には OK という場合も結構あるので、公式サイトを確認してみましょう。
例えば任天堂株式会社は自社コンテンツについて独自のガイドラインを発表しています。
このような動きが広まると良いですね。

ヘッドホンの位置
間違ってないよ

S
N
S

動画サイト

学生生活

芸能

デザイン

ライブ/映像

アニメ/ゲーム

本/写真

その他趣味

二次創作

制度

海外

ビジネス

取締り/裁判

【Q7】

よくYouTubeなどの動画サイトで、CD音源のピッチ(※)を上げて著作者からの動画の削除申請を回避しているものを見るのですが、これは本当に回避できているのでしょうか？
音を少し変えれば問題ないのでしょうか？
(※)音の高さのこと。

自分が作った作品
勝手に変更されたら
いやだよね…

Answer！

いいえ！音源の権利者に無断でアップするのは問題ありです。
そればかりか、改変を行うことはさらに悪質で、同一性保持権の侵害にもなり得ます。
権利者がどこまで把握しているのか不明ですが、削除申請があれば削除されるのではないでしょうか。

【Q8】

カラオケで歌っている動画をYouTubeにあげてもカラオケ会社は損しないような気がするけれど、裁判になっていたなんて知らなかったです。なぜ訴えたのだろう？と思いました。

Answer！

ニュースを良くチェックしていますね。
(https://www.corporate-legal.jp/news/2557)
通常は個人を訴えても金銭的には意味がなさそうな気がしますが、歌唱動画のネット共有サービスなど、カラオケ会社の今後のビジネスにおいて個人投稿をやめてほしい理由があったのかもしれません。

「春夏秋冬」歌ってみた（D○Mカラオケ映像付き）

春、花粉がしんどい
夏、一瞬で終われ
秋、食べ過ぎる
冬、暮い一瞬で終われ

何かがあったんだろうね…。

【Q9】

テレビで放送されたアニメやドラマが YouTube にあげられているのは著作権の侵害になるのでしょうか?

公式があげている動画かどうかは
チャンネル名を見れば
大体わかるよ!

Answer!

公式があげているものでなければ、基本的には侵害でしょう。
黙認されているか、削除が追い付いていないか、だと思います。

【Q10】

よく YouTube などから音楽をダウンロードする話で、「個人的に楽しむ分なら OK」「売ったりしなければ OK」と言っている人を見かけますが、CD や MD に焼いて個人に配ったり、それを売ったりしなければダウンロードしても良いのですか?

CDを買おう!定額配信サービスも
便利だよ!Spotify、AWA 等、色々
あるから調べてみてね♪

Answer!

違法アップロードされた有償コンテンツと知りながらダウンロードする行為は、 たとえ個人で楽しむ目的であっても違法となります。刑事罰もあります。ストリーミング視聴はギリギリセーフですが、ダウンロードとなるとアウトになります。
また、違法アップロードコンテンツではない場合でも、ダウンロード行為は YouTube の規約違反となる可能性もあります。

YouTubeやニコニコ動画における楽曲使用について

YouTubeやニコニコ動画は音楽の権利についてJASRAC等の団体と包括契約をしているため、ユーザーはJASRAC等の管理曲を「弾いてみた」等で投稿することができます。ただし、許諾の対象となっているのは歌詞・楽曲であって、CD音源などの音源の権利は各レコード会社が持っているため、音源を無断利用することはできません。この点、ニコニコ動画はいくつかのレコード会社との使用許諾契約も結んでおり、使用できる音源を検索することができます。(許諾楽曲検索)http://license-search.nicovideo.jp/

S N S

動画サイト

学生生活

芸能

デザイン

ライブ/映像

アニメ/ゲーム

本/写真

その他趣味

二次創作

制度

海外

ビジネス

取締り/裁判

学生生活 についての質問

【Q1】

高校生のとき、先生がほぼ一冊分の問題集（赤本等）やセンター試験の過去問を印刷してきて、
みんなに配っていたのですが、それは違法にはならないのですか？
いくらなんでもやりすぎですよね？数ページだけでもコピーして配ったらダメなんですか？

一冊丸ごとコピーは
さすがにね…

Answer！

テキストなどには著作権がありますので、原則、複製権を持っている人しか
複製はできません。でも授業で用いるために教員や学生が複製することは、
例外的にOKというルールがあります。
しかし、たとえ授業のためとは言っても、権利者の利益を不当に害する複製
はNGとされています。例えば問題集などは、教育現場でコピーが横行さ
れてしまうと売れなくなってしまうため、基準から言えばNGでしょう。
ちょさく犬は権利者と利用者のどちらの気持ちもわかるので、バランスの
良い仕組みを整える必要があると思います。そのためには、まず教育現場
の方々が著作権の意識を持つ必要があると考えています。

【Q2】

例えば大学で映像分野の先生がお金を徴収して有名な映画作品を見せた場合、「不特定多数」に「有料」
で上映しているのでかなりアウトですよね？それとも、教育関係の例外に含まれるのでしょうか？

許可は取っているのかな…

Answer！

権利者の許可を得て上映していれば問題はないと思います。
或いは、映像技術の解説のために、解説に必要なシーンを必要
最小限の範囲で見せる等であれば、「引用」に該当するといえ
るかもしれませんが・・・。

【Q3】

図書館において複製が許されることについて、なぜ企業や小中高の図書室では複製がダメなんですか？
また、どうして大学の図書館では OK なんですか？

小中高での授業で生徒が
使う時も学校の図書館では
複製できないのかな？

Answer！

企業の図書室は公益目的を持った"図書館"ではなく、自社のために
設けたものだからでしょう。
小中高の図書室が複製ダメなのは、「政令で定められた図書館」で
「司書が置かれている」というルールを満たさないからです。
ただ、小中高の図書室で借りて、自宅で複製をするのは「私的使用の
ための複製」であれば OK ですよ。

【Q4】

小中高の図書室は無許諾で本の複製ができないということでしたが、小中高の図書館に司書がいたらできるの
でしょうか？

覚えておこう！

Answer！

初等中等教育機関の図書室は「政令で定められた図書館」から除外されて
いるので、たとえ司書がいてもダメだと思います。
例えば司書が置かれた県立図書館などでは、利用者の求めに応じて、
1人1部に限り、本などの一部分を複製して渡すことができます。

S
N
S

動画サイト

学生生活

芸能

デザイン

ライブ／映像

アニメ／ゲーム

本／写真

その他趣味

二次創作

制度

海外

ビジネス

取締り／裁判

【Q5】

小学生の読書感想文が保護されるのならば、私たちが授業のたびに書いているミニレポートも
保護されるのでしょうか？（文章が著作権になるのは少し難しいとおっしゃっておりましたが…）

みんなが書く卒論も
保護されるよ〜

Answer！

「思想または感情を創作的に表現したもの」という著作物の要
件を満たせばもちろん保護されます（つまり内容によります）。
1〜2行程度の雑感の場合、字数が短いので創作性の要件を
満たすのは厳しいかもしれませんが、しっかりと自分の個性が
表れる程度の分量で書いていれば著作物になり得るでしょう。
他人のレポートや論文、ネット上の文章などのコピペはやめま
しょうね（引用は除く）。

【Q6】

読書感想文は多くの小学生がネットの記事を少し変えて書いたり、丸写ししていると聞きますが、
著作権は大丈夫かな？と思いました。
もし著作権侵害になるのであれば小学生に教えてあげたいです。

普通に本を読んだ感想を
書いた方が楽だよ！

Answer！

大丈夫ではありません！「引用」であればOKですが。
レポート、卒業論文、社会に出てから作成する文書など、自分の力で
書きましょうね。

【Q7】

学校の給食や掃除の時間に J－POP が流れているのは、演奏権（※）の面からみて大丈夫なんですか？
（※）著作権の1つ。公に演奏する権利。CD の音楽を流す行為も「演奏」に該当する。

そんなにビビらなくても
大丈夫だよ～

Answer！

「非営利・無償の演奏」であれば、例外的に演奏権がなくても演奏可能というルールがあり、例えば運動会のダンスの BGM なども OK とされています。

それにしても、教育現場では著作権の意識が浸透していないためか、ルール無視の使い方が行われていたり、逆に萎縮し過ぎて著作物を極端に使わなかったり、といった話をよく聞きます。

教育現場に就きたい人は、著作権の勉強をして「教育著作権検定」を受験するのもおすすめですよ。

教育著作権検定とは

著作権リテラシーを証明する検定といえば株式会社サーティファイによる「ビジネス著作権検定」が有名ですが、数年前から同社より「教育著作権検定」という検定試験がリリースされました。

ちょさく犬も実感しているところですが、教育機関における著作権意識については、もっと真剣に考えて改善していかなければならないところです。現実問題として、著作権知識を学ぶ機会に恵まれないまま現場で働いている人もかなり多いと思います。

また、今後ますます教材や授業のデジタル化が進むことが予想されるため、教育現場で働く人の著作権リテラシーは重要性を増していくと思われます。

教育関係の仕事を目指す人にはぜひ著作権リテラシーを身につけてもらって現場で活躍してほしいと思います。まずは教育著作権検定を受験するところから始めてみてはいかがでしょうか。

SNS

動画サイト

学生生活　芸能

デザイン

ライブ／映像

アニメ／ゲーム

本／写真

その他趣味

二次創作

制度

海外

ビジネス

取締り／裁判

芸能 についての質問

【Q1】

歌い方のマネは著作権侵害ではないということですが、モノマネ芸人とかも大丈夫ってことですよね？本人の許可がいるものですかね…？もし、モノマネされる側が嫌がった場合は裁判沙汰になったりするのでしょうか？

モノマネする時は
リスペクトの気持ちが
重要だよ！！

Answer！

モノマネ芸人が著作物を無断で演じていれば著作権侵害になるかもしれませんが、口癖や表情は著作物ではありませんので、しゃべり方や立ち振る舞いを真似る行為は著作権的には大丈夫でしょう。歌は著作物ですが、TV のモノマネ番組で歌を歌っているのは JASRAC 等から許諾を得ているんですよ。
ただし、モノマネもやり方によっては、侮辱罪とか著作権とは別の問題になることはあるかもしれませんね。

【Q2】

お笑い芸人のネタ(漫才)やボケは著作権的にどうなんですか？著作権はあるんですか？

ほな著作権とちがうか〜

Answer！

漫才のネタ(台本)には著作権があると思いますが、ボケ単体となると難しいと思います。

推理小説のトリックをパクったら？

意外かもしれませんが、推理小説のトリックそのものは「アイディア」なので、著作権はないと考えられます。元ネタと全く別の人物が登場してストーリーも全く違うものにされてしまえばトリックだけをパクられても著作権侵害というのは難しいと思います。もちろん推理小説界ではトリックのパクリはタブーですが…

デザイン についての質問

【Q1】

象やチンパンジーが絵を描いた場合は著作権が発生するのか気になりました。
象やチンパンジーが著作権を持つのでしょうか？

Answer！

残念ながら発生しません。動物は人間ではないため、法律上の
「著作物を創作する者」にはなれないのです・・・。
では AI が創作をした場合はどうなるのでしょうか？
難しい問題ですが考えてみてください。

もちろん
犬が描いても
著作権は発生しない…！

【Q2】

絵の構図を丸パクリされた、という問題をよく見かけるのですが、あれは何が問題なのでしょうか？
構図は「アイディア」なので著作権侵害ではないですよね？個人的には構図でも丸パクリは嫌だなと思いますが。

自分がされて嫌な気持ちに
なることは人にもしないように
しようね。

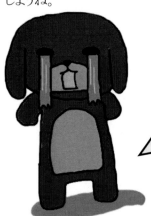

Answer！

Twitter でお馴染みの"トレパク問題"ですが、著作権は「表現」を
守る権利です。絵をパクるのは侵害になり得ますが、構図や画風だけ
を真似しても、最終的な表現が全然別物であれば著作権の侵害には
ならないことも多いと思われます。
つまり、「表現」をトレスしているかどうかが問題となります。
まあ著作権的に問題がなくても、受入れ難いと感じる人が多ければ
炎上することもありますね。推理小説のトリックも同じ類でしょう。

SNS

動画サイト

学生生活

芸能

デザイン

ライブ／映像

アニメ／ゲーム

本／写真

その他趣味

二次創作

制度

海外

ビジネス

取締り／裁判

【Q3】

衣装も著作物（※）と聞いたのですが、それはライブで使用された衣装だけでしょうか？
習い事のダンスで使用した、デザインから手作りした衣装も著作物に入るのでしょうか？
（※）著作権の対象となるもの。著作物を創作すると著作権が発生する。

プロ・アマ
関係ない！

Answer！

衣装も、日常的に着るような実用品のようなものではなく、
2.5次元ライブ衣装のような創作性の高いものであれば、
著作物性があるのではないでしょうか。
ただ、ライブ衣装だから著作物！といった分類ではなく、
具体的には個々に判断するしかないと思います。

【Q4】

短い文などは著作物になりにくいと言っていましたが、どのような基準でそうなりますか？
字や書道などは著作物になりませんか？

Answer！

創作性（個性）が無ければ著作物にはなりません。一般的に、短い表現は「表現の選択の幅」が狭く、
個性を出しづらいため、著作物になりにくいというお話ですね。
例えば、「今の気持ちを5文字で表してください」と「今の気持ちを800字で表してください」では、
800字の方が個性が出やすいですよね。5文字ではありふれた表現にならざるを得ません。
よって、一般的には短い表現の方が著作物にはなりにくいのです。
ただし、書道の「書」は著作物になり得ます。でも、文字として保護されるわけではなく、とめはね
などの特徴的部分に創作性があればという話です。ありふれた書き方では保護されません。
誰かが字そのものを独占できたら大変ですね。

汚れながら一生懸命書いたけ
ど、この書は保護されないよ。
ありふれているからね。

【Q5】

住宅などは建築の著作物に含まれないと言っていましたが、学校や図書館などの公共的な建物や有名な建築家がデザインした施設も著作物に含まれないのですか？

権利は著作権だけじゃないよ！

Answer！

建築芸術といえるような美術性、芸術性を有する場合は著作物となりますが、基本的に実用的なものは著作物とは認められません。意匠権で保護することができます。

【Q6】

授業で作成したモザイクアートは、原画があるものですが、表現の仕方という点で著作物になりますか？また、著作者は誰になるのですか？たくさんの人と協力して作ったので気になります。

でもモザイクアートってすごいよね

Answer！

モザイクアートは原画の「複製」にあたると思います。
元となる写真や絵を複製しているだけですから、
元の写真や絵の著作権を持っている人が著作権者です。

SNS

動画サイト

学生生活

芸能

デザイン

ライブ/映像

アニメ/ゲーム

本/写真

その他趣味

二次創作

制度

海外

ビジネス

取締り/裁判

【Q7】

AI が描いた絵が落札されたというニュースがあったのですが、この場合著作権は誰にあるのですか？
AI がオリジナルの創作物を生み出した場合、創作物の著作権は AI の制作者が持つのでしょうか？

ちょっと難しいかな

Answer！

良い視点ですね。
現在の著作権法では、人間が関与せずに AI が勝手に創作した
場合は、そもそも著作権はありません。
ただし、「こういう絵が描きたい」と思って、AI にお手伝いをさ
せたような場合は、その人が著作権を持つことになります。

【Q8】

同じ車種（車体のデザインが同じ）でもメーカーが違うところから発売されている自動車がありますが、
著作権と関係があるのですか？

OEM、他にも探してみると
面白いかも！

Answer！

確かに OEM で別のメーカーから同じ形の車が販売されることは
ありますね。
車体のデザインは、著作権ではなく「意匠権」の守備範囲です。
OEM の場合は意匠権のライセンス（許諾）がされていると思います。

【Q9】

アプリやパソコンにはたくさんのフォントがあるけれど、それにも著作権はかかりますか？
とても特徴的なフォントなどは著作権で守られたりしませんかね？

誰かが作ったフォントを
利用する時は
規約をよく読もう！

Answer！

フォント自体が著作物かどうかは一概には言えません。いくつか
裁判例がありますが、個別に判断されています。
また、著作物として認められた場合であっても、誰かが実質的に
文字そのものを独占してしまうと大変ですから、著作権の侵害
と言えるほど「似ている」かどうかの判断は、一般的には厳しめ
に（狭く）なります。

～スティック加湿器事件～（知財高裁平成28年11月30日判決）

スティック型の加湿器が著作物であるか否かが争われた事件です。
この加湿器はビーカーに入れた試験管から蒸気が噴き出すような態様で、カラーバリエーションもあるオシャレ
な加湿器となっており、後発で類似品が出たため、著作権侵害を主張したものです。
しかし、判決では「著作権法は、表現を保護するものであり、アイディアそれ自体を保護するものではないから、
単に着想に独創性があったとしても、その着想が表現に独創性を持って顕れなければ、個性が発揮されたもの
とはいえない」、「加湿器をビーカーに入れた試験管から蒸気が噴き出す様子を擬したものにしようとすること
は、アイディアにすぎず、それ自体は、仮に独創的であるとしても、著作権法が保護するものではない」とされ、
著作物性が否定されました。
一般的に、実用品であるプロダクトデザインを著作権で守ろうとすることは難しいので、特許庁に意匠登録出願
をして、意匠権で保護することが基本戦略となります。

SNS

動画サイト

学生生活

芸能

デザイン

ライブ/映像

アニメ/ゲーム

本/写真

その他趣味

二次創作

制度

海外

ビジネス

取締り/裁判

ライブ/映像 についての質問

【Q1】

私が好きなアーティストが出ていた TV 番組を録画していて、友達に頼まれて DVD にダビングして渡してあげたのですが、これはアウトになりますか？

また、CD を複製したものを友達にあげたり、貸したりしてもアウトになりますか？

好きなアーティストが
出ていた番組見たいよね…

Answer！

微妙なところではありますが、「友達」といっても様々で、家族同様の親密な関係であれば OK ですが、一般的には「友達のためにダビングする」のは「私的使用のための複製」とは言えず、NGになることもあると考えてください。

ただし、CD自体を友達に貸して、友達がそのCDを自分のために（私的使用のために）コピーする行為はOKでしょう。

【Q2】

公衆の前で歌うのは非営利かつ無料ならよいとのことですが、街中の路上や地下道で人の歌を歌ってお金を集めている人は、著作権的に問題なんですか？

侵害していることになるのでしょうか？

勝手にギターケースの中に
お金を入れられた場合は
大丈夫かな？

Answer！

もし演奏の対価としてお金を集めているのであれば「非営利かつ無償」とは言えませんので、無許可でやれば侵害である可能性が高いと思います。

【Q3】

大学生がプロの楽曲を演奏するのは非営利かつ無償なら良いということですが、音楽番組やライブなどで、アーティストが他人の歌を歌うのは良いのでしょうか？
また、歌詞を変更して歌う場合、作った人が嫌がれば、同一性保持権の侵害になるのでしょうか？

歌詞の一部を音楽番組の名前に
変更するアーティスト
よくいるよね〜

Answer！

音楽番組などのTVやライブは、営利目的であり、アーティストに
報酬も支払われていて有償なので、「非営利・無償」ではありません。
もちろんJASRAC等に許諾を得ていると思いますよ。
歌詞を変更することについては、作詞者には同一性保持権（勝手に
改変されない権利）がありますので、作詞者の意に反して無断で
改変すれば侵害になり得ると思われます。

【Q4】

舞台照明も著作物になり得ると言っていましたが、どういうことですか？
光の色やタイミングが著作物になるということですか？

Answer！

ライブイベントなどの舞台照明のことですね。
大規模なものになると、ステージのどの位置に何時何分何秒
にどの色とどの色のライトをどの程度当てるかなどが細かく
計画されると思います。
ありふれたものではなく高度かつ複雑な照明プランになれば
それは1つの作品であり著作物といえると思います。
ライブ行きたい。

照明プランをパクったら
どうなるのかな？

【Q5】

私的使用のためであれば違法アップロードでないコンテンツ（公式コンテンツ）をダウンロードしても良いとのことですが、ダウンロードアプリを使って私的に音楽をダウンロードするのは良いのでしょうか？

アプリ自体は
違法ではない…？

Answer！

アプリの挙動を詳しく見てみないと何とも言えませんが……
合法にアップロードされたコンテンツであれば、私的使用のために
ダウンロードするのは「著作権的には」セーフです。
ただし、YouTube にアップロードされた動画をダウンロードする
と YouTube の規約に違反することになるかもしれません。
各サービスの規約を確認してみましょう。

【Q6】

お店でレンタルした CD・DVD をコピーして、自分だけで見たり聴いたりするのは違法でしょうか？
レンタルした CD・DVD をコピーすること自体が違法でしょうか？
友達から借りた CD・DVD をコピーすることも違法でしょうか？

気を付けてね！

Answer！

レンタルしたCDであっても「私的使用のために」コピーすることは
大丈夫でしょう（※レンタルショップの規約にもよりますが）。
しかし、レンタルDVD（映像作品）には一般的にコピーガードがかか
っていると思います。このコピーガードを回避してコピーをすると、
たとえ私的目的であっても著作権の侵害となります。
注意してください。

SNS

動画サイト

学生生活

芸能

デザイン

ライブ／映像

アニメ／ゲーム

本／写真

その他趣味

二次創作

制度

海外

ビジネス

取締り／裁判

【Q7】

歌手の人が他の人の曲をカバーして歌ったりするじゃないですか？
あれは許可をとっているからカバーできるんですよね？
カバーソングばかりを歌っている歌手の場合は、その都度権利者にもお金が支払われているのでしょうか？

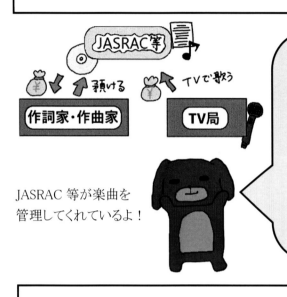

JASRAC 等が楽曲を
管理してくれているよ！

Answer！

作詞家・作曲家は著作権を JASRAC 等の団体に預けて
いることが多いです。
TV などで歌う場合は TV 局が包括的に JASRAC 等に
ライセンス料を払っていますし、個別に営業などで歌われ
る場合も JASRAC 等にお金が払われているでしょう。

【Q8】

いくら個人的とはいえ、ライブなどの音声を録音するのはダメですよね？
また、ライブ前のリハの音漏れを録音するのはダメですか？

ライブの音源は DVD が出るまで
楽しみに待っていよう！

Answer！

ライブによりますね。
公式が録音禁止と言っていればダメです。
公式が何も言っていなければ私的使用のためであれば OK です。
ただし SNS 等に上げると私的目的ではなくなるので注意してく
ださい。

SNS

動画サイト

学生生活

芸能

デザイン

ライブ／映像

アニメ／ゲーム

本／写真

その他趣味

二次創作

制度

海外

ビジネス

取締り／裁判

【Q9】

レーベル？レコード会社？音楽出版社？って何ですか？どこが違うのでしょうか？

好きなアーティストの
レーベルや音楽出版社を
調べてみよう！

Answer！

◆ レ ー ベ ル： CDなどのレコードを製造販売する会社
◆ レコード会社： レコードの流通を行う会社
◆ 音 楽 出 版 社： 著作権管理、宣伝広告・プロモーションを行う会社
◆ プロダクション： アーティストが所属する事務所

でも、レコード会社の中にレーベルがあったり、プロダクションがレーベル化
していたりもするので、区別は難しいですね。

【Q10】

レンタルショップなどで借りたDVDを友達に貸すことも侵害になりますか？また、買った映画のDVD
を友達に貸すのもダメですか？今度アニメを実写化した映画を友達に貸す予定なのですが…。

レンタルショップの
気持ちも考えてください！

Answer！

映画の著作物を「公衆に」譲渡・貸与すると頒布権（※）の問題になります
が、特定の友達に貸すのは頒布権の問題にはなりません。

ただし、レンタルショップでレンタルするときには、おそらく「又貸しは
禁止」に同意して契約していると思うので、レンタルショップとの間で契約
違反になると思います。

（※）著作権の1つ。映画を公衆に販売・レンタル等する権利。

【Q11】

有名なキャラクターラッププロジェクトと世界観・チームの形・キャラクター等がすごく似ている別のプロジェクトが話題なのですが、この手のコンテンツは訴えたりとか文句言ったりとかできるのですか？

すごい話題になったよね…

Answer！

ビジュや音楽が似ていたら別ですが、設定やコンセプトは著作権では保護されないので、その場合は仕方ないですね。
気持ちは分からなくもないですが、有名なプロジェクトの方は新しいコンセプトで1つのジャンルを確立したということでしょうか。

海賊版音楽アプリと著作権侵害

映画・アニメ・漫画・放送・音楽などのコンテンツホルダー（権利者）と「海賊版」との戦いはずっと続いています。「海賊版」とは違法コピーコンテンツのことです。

漫画の世界では、海賊版サイト「漫画村」1つだけで約 3,200 億円の被害があったと言われています。

音楽の世界では、サブスクリプションサービス（定額聴き放題サービス）の普及が進んでいますが、依然として海賊版の音楽アプリは存在します。代表的なものは「MusicFM」です。2019 年 6 月には、日本レコード協会などの団体がAppStoreからこのアプリを削除するよう要望書を提出しました。

対策を強化することで被害が抑えられると良いですが、ちょさく犬は一人一人の意識が重要だと考えます。若年層の中にはこのアプリが無許諾で音源を配信していることや、音楽をダウンロードすると自分も罰せられる可能性のあることを知らずに使用している人もいるのです。

ちょさく犬が行ったアンケート調査では、短大生の約20％が「MusicFM」を使用したことがあるという結果が得られました。学生のうちに情報モラルや情報リテラシーを身につけてほしいと切に願っています。

SNS

動画サイト

学生生活

芸能

デザイン

ライブ/映像

アニメ/ゲーム

本/写真

その他趣味

二次創作

制度

海外

ビジネス

取締り/裁判

アニメ/ゲーム についての質問

【Q1】

某六つ子アニメのパロディはすごかったですね。初見の時、これは大丈夫なのかな？と思いました。
ちゃんと許可を取っているのでしょうか？第1話がDVDに収録されなかったと聞きましたが、
嫌がられたのか、どこかしらのアニメ側から苦情が入ったのかなと思いました。
または盛り込みすぎたのでしょうか？

セーラー服を着ている
キャラはたくさんいる

Answer！

すごかったですね。権利者から苦情が入ったからなのか自粛なのか
わかりませんが、収録されなかったのは仕方ないことなのでは・・・。
サブスクでも第2話からしか観ることができないようですね。
関係者ではないので、許諾について実際のところはわかりません。
関係者の方、教えてください！

【Q2】

有名なアニメ・ゲーム作品でもシナリオ内で他作品をパクったネタがありますが、それは許可をとって
やっているのですか？

すぐ「パクってる！」と
決めつけないように！

Answer！

許可をとっているのかは知りません。
パロディもネタ次第で、表現をマネしない（著作権侵害にはならない）
上手なパロディもあります。元ネタの表現（絵・曲など）を無断でパク
っている場合は著作権侵害になり得るでしょうね。

【Q3】

ネット上にあげられている有名なキャラクターのイラストは、どれだけ真似てもトレスなどではない限り、セーフなのでしょうか？その描いた絵がまったく似ていなかったとしたら、何も問題はないですか？

ちょさく犬を
描いてみたよ…

Answer！

真似て描いて、原作の特徴が残っていて「類似」していれば、複製権・翻案権・公衆送信権などの問題が生じます。トレスでなければ OK という判断をするわけではありません。

ただ、二次創作などの同人活動は権利者から黙認されていることも多いです。僕のように好きなキャラを描いても元ネタ判別不能な絵だったら問題にはならないかもしれません‥‥。

【Q4】

模写などをよくするのですが、そこに個性が出ないと著作権は発生しないということですよね？
また、自分なりに個性が表れていれば版権ものでもその人に著作権があるということですか？

覚えておこうね

Answer！

単なる模写はコピー（複製）なので、模写をすることで新たに著作権が発生することはありません。

ただし、自分の個性が色濃く表れるようないわゆる「二次創作」は、元ネタが版権ものであっても「二次的著作物」として保護されます。

でも、本来、無断で二次的著作物を作成することはできませんし、作成した二次的著作物も原作者の許可がないと自由に使用（販売等）することはできません（同人誌等は黙認されているだけです）。

SNS

動画サイト

学生生活

芸能

デザイン

ライブ／映像

アニメ／ゲーム

本／写真

その他趣味

二次創作

制度

海外

ビジネス

取締り／裁判

【Q5】

アニメのデフォルメキャラなどを自分で描き、それをグッズとしてネットショップで販売するのは
営利目的になるので著作権的にアウトですか？

それなりの覚悟が
必要になりそうだね…

Answer！

アニメのデフォルメキャラクターは二次創作ですね。著作権の世界
では「二次的著作物」といいます。
著作権の中には二次的著作物を作ることができる権利（翻案権等）
というものもあり、他人が無断で二次的著作物を作成して販売等行
うことはできません。
同人の界隈では作者に黙認されていることがあるのも事実ですが、
権利者の庭で密かにやっているという自覚と、相応のリスクを覚悟
しておく必要があるかと思います。

【Q6】

芸術館が某有名派出所漫画のパロディをTwitterに投稿して炎上した話がありましたが、その芸術館に限らず、SNS上には同じような「某有名派出所漫画のパロ」やクソコラがあります。それも著作権にひっかかりますよね？それとも芸術館だから悪いんでしょうか？

Answer！

誰がやったかは関係なく、同様のものであればNGでしょう。
著作権的には「パロディだからOK」という規定は無く、基本的には作者に無断で改変して、作者がそれを嫌がればNGです（同一性保持権の侵害）。
個人的にはパロディも文化だと感じることも多いのですが。

「誰がやった」とかじゃなくて、
「何をしたか」が重要！

【Q7】

痛車は著作権どうなってるんですかね？使用されるイラストは個人使用だからOK ですか？

自分の推しは自分で塗装

Answer！

個人的に複製していれば「私的使用のための複製」ということで大丈夫ではないかと思います。
ただし、業者に依頼して塗装する場合、業者で行われる複製は私的使用とは言えないと思います。権利者に許諾を得ている塗装会社もあるようなので、調べてみましょう。

SNS

動画サイト

学生生活

芸能

デザイン

ライブ／映像

アニメ／ゲーム

本／写真

その他趣味

二次創作

制度

海外

ビジネス

取締り／裁判

【Q8】

某少年誌の漫画でよくパクリに近い（名前を少し変えている）ところがあります。絵柄を変えているのでセーフでしょうか？そのまま使用していないので、著作権侵害にはならないと思いますが。

パクリだ！と騒ぎすぎるのも良くないよ！

Answer！

個別のことについては何とも言えませんが、某少年誌の漫画は攻めまくってますね（言ってるw）。
ただ、改変も行き過ぎれば別の新たな作品となりますし、キャラクター名、技の名前、設定などはそもそも著作物でないので、そうした部分だけを用いたパロディはギリギリOKではないかと思います。

【Q9】

キャラクターの名前に著作権はないんですか？
アニメとかでキャラの名前をパクっても著作権の侵害にはならないってことですか？
また、猫の名前にアニメのキャラクターの名前をつけたりするのは著作権を侵害しますか？

もちろん
ちょさく犬という名前は
著作物にはならないよ

Answer！

ストーリーや絵を真似ればそれは立派な著作権侵害となり得ますが、キャラクターという設定や概念には著作権はありません。
また、名前自体は、本のタイトル等と同じで、著作物ではありません（個性が出にくいので）。名前や単語を著作物として独占できるなら、皆さん生活できないと思います。
どうぞ安心して、猫に「ちょさく犬」と名付けてください。

【Q10】

ゲーム画面のスクショを SNS などにアップするのは大丈夫なのでしょうか？著作権侵害にあたりますか？

ちょさく犬@ゲーム垢
@kennrimazimuzui

きれいなドブ

Answer！

ゲーム画面は著作物なので、公式が NG と言えば当然ダメです。
ただ、ファン活動としてやっている限りは黙認されていることが
ほとんどではないでしょうか。
最近ゲーム実況も増えて来たので、例えば任天堂株式会社など、
コンテンツホルダーがゲーム著作物の利用について分かりやすい
ガイドラインを設けている例もあります。
公式サイトを確認してみましょう。

規約をちゃんと読もう！

【Q11】

最近、「踊ってみた」の踊り手さんが某アニメの OP、ED に振り付けをまんまパクられたと言っていたのですが、
これはどうなのでしょうか？曲は自分のものでなくても振り付けは踊り手さんに権利があるということですか？
◆　何のことか分からない人は「アニメ　ED　ダンスパクリ」で検索してみましょう！

一曲に何個の著作物が
関わっているのかなあ

Answer！

ちょさく犬のところにもTwitterで回ってきました。
もちろん、歌詞と楽曲（メロディ）が別の著作物であるように、
振付け自体も単独で著作物なので、踊り手さんに権利があります。

SNS

動画サイト

学生生活

芸能

デザイン

ライブ／映像

アニメ／ゲーム

本／写真

その他趣味

二次創作

制度

海外

ビジネス

取締り／裁判

【Q12】

法律的にパロディが許されにくい日本でも、ちょくちょく某六つ子アニメみたいなパロディを見ますが、
これは原作者が知らない or 知っていて黙認しているということでしょうか？
原作者さんは心が寛容なんですかね？

我慢している原作者さんも
いるかもしれないね

Answer！

そもそも知らない場合もあると思いますが、知っていても
対応する余裕がないか、黙認しているか、或いは心が寛容
なのかもしれません。

【Q13】

数年前に流行った携帯ゲーム機のソフトでは、色んな人が曲を録音して、曲に合わせて既存のキャラを
描いて漫画や PV を作って共有していたのですが、これはアウトだったのですか？

どういう仕組みだったのか
気になる～

Answer！

ちょさく犬はそれをやっていないので何とも言えませんが、
ソフト内の正規ライセンス曲ではなく、自由にユーザーが CD から
録音したりして楽曲を共有可能だったりする仕組みだったなら、
危ない行為がたくさん行われていた可能性もありますね。

【Q14】

ネットカフェなどにおける漫画読み放題等も譲渡権（※1）や貸与権（※2）などの権利処理をしているのですか？
展示権（※3）に引っかからないのでしょうか？
（※1）著作権の1つ。映画以外の著作物の原作や複製物を公衆に販売等する権利。
（※2）著作権の1つ。映画以外の著作物の複製物を公衆にレンタル等する権利。
（※3）著作権の1つ。美術の著作物又は発行されていない写真の著作物を原作品によって公に展示する権利。

ネカフェ開こうかなー

Answer！

ちてきざいさん犬も月1くらいのペースでネカフェに行きます。
まず「展示権」は、絵画などの「原作品」を展示する権利なので一般的な
コミック等は対象になりません。また、ネットカフェでは利用客に漫画を
「譲渡」していないので「譲渡権」も関係ないと思います。さらに、コミック
をレンタルしているわけでもないので「貸与権」も及ばないのではないで
しょうか。
む？そう考えるとネットカフェは良いところを突いたビジネスなのかもし
れません。しかし、ゲームソフトについては、業界団体が著作権使用料を
支払っているようです。

ゲームのチート行為は著作権侵害？

ゲームのチート行為は著作権侵害なのでしょうか？
ソシャゲやMMOよりもずっと前の家庭用ゲーム機の時代からゲームのチート行為は問題になってきました。実
際に裁判になった事例もあります。「ときめきメモリアル事件」（大阪高裁平成11年4月27日判決）では、改変セー
ブデータの提供が著作権侵害になるかが争われました。
「ときめきメモリアル」はコナミ株式会社が販売した有名な恋愛シミュレーションゲームです。最初は低いパラメー
タから始まりますが、主人公が選択肢から行動を選んでいくうちに能力のパラメータを上げていくことができま
す。高校3年間の生活でパラメータを上げることができれば、ハッピーエンディングになるといったゲームです。
問題となった改変セーブデータは、メモリーカードに記録されたもので、プレイヤーがそのメモリーカードを買っ
てきて使用すると、スタート時点から高いパラメータ数値でゲームを進められたり、スタート時点が卒業間際まで
飛んだりといったことが可能になるものでした。
判決では、改変セーブデータの提供はゲームソフトに対して製作者の意図した範囲外の動作を引き起こすためス
トーリーの改変に当たる、として同一性保持権の侵害を認め、さらに意図して侵害行為に主体的に加担しプレイ
ヤーを介して侵害行為を行ったとして、114万6000円の損害賠償を認めました。

本/写真 についての質問

【Q1】

雑誌や本の中身を撮って、SNS などにあげている人をよく見かけるのですが、これはダメですよね？
問題にならないのは著作者が黙っているからですか？

雑誌の中身や表紙をあげる行為は
好きな芸能人にも迷惑がかかるし
ファンのイメージも悪くなるよ！！

Answer！

他人の著作物を撮影してSNSにあげているので、「複製権」や
「公衆送信権」の侵害になり得るでしょう。
自分で買った雑誌の記事をスマホで持ち歩きたいからという
理由で撮影する行為は「私的使用のための複製」でOKですが、
SNS にアップ（公衆送信）してもいいというルールはどこにも
ないので、注意が必要です！

【Q2】

よく雑誌や週刊誌などで、芸能人のスキャンダル写真が載せられていてテレビで話題になっていること
がありますが、それはダメなのではないでしょうか？肖像権に引っかからないのでしょうか？

事務所通してください！

Answer！

たまに裁判にもなっていますよね。
芸能人は一般の人より撮影される機会が多いことは仕方ない
でしょうが、スキャンダル写真などは、場合によっては肖像権や
プライバシー権の侵害になり得ると思います。

SNS

動画サイト

学生生活

芸能

デザイン

ライブ／映像

アニメ／ゲーム

本／写真

その他趣味

二次創作

制度

海外

ビジネス

取締り／裁判

【Q3】

Twitterなどで面白クソコラ画像をよく見るのですが、あれは著作権や肖像権に引っかかりますか？

Answer！

コラ画像は元ネタを改変して成り立つものなので、表現が類似していれば著作権の侵害になるでしょうね（コロンビアポーズなど、ポーズだけ同じという場合は別でしょうけど）。
また、人の顔でコラを作っていたら肖像権の問題にもなるでしょうし、元ネタの画像が拡散されていることも問題だと思います。

【Q4】

嬉しくても買ったアニメグッズなどの写真を「公衆送信したらダメかな？」と、授業を通して考えられるようになったのですが…、少しぼかしたらセーフでしょうか？

Answer！

これは何とも言えませんね…。
確かにルール上はひっかかりますが、多くの場合は公式が黙認しているわけで（個人を訴えたらおそらく炎上するでしょう）、ルール上ひっかかるという話と、現実的に大丈夫かという話は別なんですよね。
特にネットの世界ではルールと実態が大きく乖離しています。
皆さんはルールのことも分かった上でリスクとの兼ね合いを考えながらネット利用していくことが必要です。
ちなみに、ちょさく犬もこの前ウエハースで推しが出ました。

グレーゾーン…

S
N
S

動画サイト

学生生活

芸能

デザイン

ライブ/映像

アニメ/ゲーム

本/写真

その他趣味

二次創作

制度

海外

ビジネス

取締り/裁判

【Q5】

地図は単なるデータや事実で思想や感情はないように思ったのですが、著作物として扱われるのでしょうか？

ちょさく犬が描いた
この大分県の地図も
著作物になる？

Answer！

地形や施設の位置自体は単なる事実（データ）ですが、地形や施設をどのように図面で表すかは、人それぞれ違いますし表現にも個性が出ます。試しに皆さん、大学周辺の地図を描いてみてください。それぞれ違うはずです。同じ彫刻でも別の人がデッサンすると違いが出るのと同じです。

【Q6】

見知らぬ人が写真を撮っていて、その中に偶然私が写りこんでいて、それを SNS などに載せられた場合はどうなりますか？訴えることができますか？

Answer！

著作権ではなく肖像権の問題ですね。
撮影する側は必要以上に萎縮する必要はありませんが、実際、肖像権の問題で訴訟になるケースもあります。
難しいところですが、顔がはっきり分かるほど写り込んでいて、写り込んだ人の許可を得ていない場合は、個人が特定されないよう顔を隠す加工を施すなど一定の配慮が必要かと思います。

掲載許可をとっていない
人の顔はぼかして載せようね！

その他趣味 についての質問

【Q1】

私は好きな絵師(イラストレーター)さんの作品やアニメの画像をネットプリントやコピーしてオリジナルグッズを作り、人にあげたり売ったりせず、個人利用の範囲で楽しんでいるのですが、それは OK なのか気になります。

人の目に触れる
鞄につけても良いのかな

Answer！

「私的使用のための複製」であれば OK でしょう。
ちょさく犬も推しの画像をプリントして首輪の裏に貼ってます。

【Q2】

ライブ会場でアーティストの写真を缶バッジにして他の来場者に配るのは、お金儲けではないけど違法じゃないのか？と疑問に思いました。非営利・無償であっても作ったグッズを不特定の人に配るのはアウトですか？

自分のために作る分には OK ♪

Answer！

「私的使用のための複製」は OK でしたよね。
でも「非営利・無償の複製」が OK という決まりはありません！
つまり、「非営利」だから複製しても良いということにはなりません(誤解している人が多いので注意！)
個人でライブ参戦を楽しむために缶バッジを作成するのであれば問題ないと思いますが、私的な範囲を超えて不特定多数に配るために写真を複製するのは NG でしょう。

好きなアーティストのグッズ

SNS上では手作りグッズの譲渡や公式が販売した数量限定グッズの転売が行われていることもありますが、これらについてアーティスト側が明確に禁止していることも多いです。
また、撮影禁止のライブの中でアーティストを無断撮影した写真(闇写)の販売なども行われていますが、アーティストにはパブリシティ権があるため、無断で肖像(顔写真)を利用して利益を得る行為はいけません。

SNS

動画サイト

学生生活

芸能

デザイン

ライブ／映像

アニメ／ゲーム

本／写真

その他趣味

二次創作

制度

海外

ビジネス

取締り／裁判

二次創作 についての質問

【Q1】

キャラクターの絵が著作物となるなら、一般の人がしている二次創作は著作権の侵害にならないのですか？
特に同人誌即売会などで販売されている「同人誌」や「アクリルキーホルダー」はお金を取るものなのでどうなるかが気になります。複製権や譲渡権の侵害にはならないのでしょうか？

友達が
同人誌売っていた時は
驚いたなあ…！

Answer！

同人誌即売会大好きなちてきざいさん犬です。
やっぱり原作者が嫌がれば著作権の侵害になるのは明らかだと思います。ただし黙認されていることも多いです。
黙認するのは、「自分も同人の世界で育った」、「訴えたり監視するにもコストがかかる」、「同人文化を尊重する」等の理由があると思います。
原作者さんのお庭の片隅で、黙認されながら行われている活動という例えが分かりやすいでしょうか。

【Q2】

イラスト投稿コミュニティサイトなどでよくアニメや漫画のキャラクターを描いて、通販などによってグッズ（ステッカーやアクリルキーホルダー等）や漫画として販売している人を見かけますが、その行為は複製権や譲渡権などの侵害にはならないのでしょうか？

黙認されていることが
多い界隈だよね

Answer！

もちろん著作権の侵害になり得ると思いますよ。
同人誌的なものだったら文化として黙認されることも多いのかもしれませんが、グッズ系は公式のビジネスと競合することも多いので注意が必要だと思います。

【Q3】

イラスト投稿コミュニティサイトなどに投稿されている二次創作は大丈夫なのでしょうか？
原作者が訴えると二次創作側は負けますか？
これも黙認されているのでしょうか？

黙認されているから、
盛り上がっている…みたいなとこある

Answer！

同人誌と同じで黙認されているだけでしょう。
黙認の中で行われている活動だという自覚は必要だと思います。

著作権侵害罪が非親告罪に！？

著作権侵害罪は原則「親告罪」とされてきました。親告罪というのは、権利者が告訴しない限り刑事責任を問うことができない罪のことです。

しかし、2018年12月30日に著作権法の改正案が施行され、特定の要件を満たす行為については非親告罪（権利者の告訴がなくても刑事責任を負うことになり得る罪）の対象となりました。

その条件とは、以下の①～③のすべてを満たすことです。

　　①対価を得る目的又は権利者の利益を害する目的があること

　　②有償著作物等（※）について原作のまま譲渡・公衆送信又は複製を行うものであること

　　③有償著作物等の提供・提示により得ることが見込まれる権利者の利益が不当に害されること

　　（※）有償で公衆に提供又は提示されている著作物等

議論の過程で同人界隈にも影響が出るのではないかと騒がれましたが、②には「原作のまま」とありますので、二次創作である同人誌等については対象とならず、従来通り親告罪となります。

要するにこの非親告罪化は海賊版（違法コピー・違法アップロード）をターゲットとしています。

改正により、コンテンツの海賊版について、権利者の告訴を待つことなく事件化できるようになりましたので、海賊版の撲滅に繋がることが期待されます。

制度 についての質問

【Q1】

著作権の保護期間は、なぜ著作者の死後 70 年までなのか気になりました。

頭痛いね

Answer !

日本も加盟している「ベルヌ条約」で、最低でも死後50年は保護しましょうというルールになっています。
日本はつい最近まで死後50年だったのですが、ここ最近の法改正で死後70年に延びたんですよ。

【Q2】

著作権の保護期間が死後 50 年から 70 年になったのには何か理由があるんでしょうか？

この耳飾りに
深い意味はないよ

Answer !

当初は TPP に米国が入っていましたから、その流れを受けて日本も 70 年に、ということだったのではないかと思います。
しかし、米国が TPP を抜けました。そのため 70 年の話は凍結されていたのですが、なぜかその後日本独自の判断で 70 年になりました。
なぜなのかはちょさく犬にも分かりません・・・。

SNS
動画サイト
学生生活
芸能
デザイン
ライブ/映像
アニメ/ゲーム
本/写真
その他趣味
二次創作
制度
海外
ビジネス
取締り/裁判

【Q3】

著作権の保護期間は著作者の死亡した翌年の1月1日から数えるようですが、著作者が「2018年1月1日」に亡くなった場合、保護期間の70年は「2018年の1月1日」から70年ですか？「2019年1月1日」から70年ですか？2019年からであっていますか？

死亡した翌年の1月1日からだと
数えやすくていいよね。

Answer！

2019年1月1日から70年で合っています。

【Q4】

著作権の保護期間は著作者の死後70年経つと終了し、著作権が消滅してしまいますが、そういう作品が増えすぎると誰が管理するんだろうと疑問に思いました。また、亡くなってからパクられたりしたら誰が訴えますか？

あとは
相続人に任せよう！

Answer！

著作権が消滅してしまった後は誰のものでもなくなりますので、誰かが管理するという仕組みはありません。みんなの共有財産（パブリックドメイン）となります。つまり、誰でも利用できるようになるわけです。
また、著作者が生きている間も、亡くなってからも、侵害された場合は著作権を持っている「著作権者」が訴えます。もし「著作者＝著作権者」の状態で亡くなった場合、著作者の相続人が権利者になります。

SNS

動画サイト

学生生活

芸能

デザイン

ライブ／映像

アニメ／ゲーム

本／写真

その他趣味

二次創作

制度

海外

ビジネス

取締り／裁判

【Q5】

偶然同一の著作物が作られた場合、権利はどうなるのか気になっていたのですが、それぞれ別個に
保護されると聞き、疑問が解消しました。
しかし、偶然同じものになったのか故意なのかの判断は具体的にどうするのかが気になります。

Answer！

例えばパクリ騒動で"パクられた"側が提訴した場合、原告側に「立証責任」があります。
つまり、原告側は"偶然ではない"という状況証拠を固めて立証することになります。
例えば「被告は〇〇業界で10年も勤務していて、専門的な職に就いていたのだから、
〇〇コンテストで受賞した私の作品について当然知っていたはず」などの主張をするわけです。
最終的にはそれらを踏まえて裁判官が判断します。

※立証責任とは･･･真偽不明の場合に不利になることです。
例えば、貸金返還請求では貸した側に「立証責任」があります。
貸した側が「100万円貸したので返せ」と言い、借りた側が「借りた覚えはない」と反論し、
裁判官が「これまでの証拠だけでは貸したのかどうかわからない（真偽不明）」となれば、
貸し借りは無かったものと判断される（立証責任のある側が不利になる）という感じです。

偶然同じになっただけなのに、
訴えられたら焦っちゃうよね…。
悪くないのに、
怯んでしまいそう。

【Q6】

著作権は著作者の死後 70 年保護された後、相続人の人がいたら消滅することはないんですか？
相続人は、著作者が無くなって 70 年後に権利を持つということですか？

70 年たったら権利
消えちゃうよ。

Answer！

いえ！権利が誰のところにあるかは関係なく著作者の死後70年経てば消滅します。70年後に権利自体が無くなるということです。権利が生きている間は相続されたり売買されたりするけど、70年経ったら権利そのものが無くなるのです。

【Q7】

JASRAC がイマイチよく分かりません。
あまり聞いたことないのですが、どのような仕組みで成り立っているものなのですか？

Answer！

JASRACは、作詞者や作曲者から著作権を預り、広く利用してもらうことで利益を得て、権利者に還元するという役割を担っています。
権利者の立場で考えると、全国のあちこちで自分の曲が無断で使われていないかをチェックしたり、自分の曲を使いたいという無数の人たちといちいち契約したりする必要がなくなり、創作活動に専念できます。
利用者の立場で考えると、何か曲を使いたいというときに、作詞者・作曲者を探し出して個別に契約をすることなく、単にJASRACと契約を結べば良いし、使用料も公平ですし、基本的に断られることも無いというメリットがあります。
何かと話題になるJASRACですが、もしJASRACのような集中管理団体がなかったら、音楽の普及は難しいのではないかと思います。
（ご参考）https://www.jasrac.or.jp/profile/intro/index.html

JASRAC は別に
怖いところじゃないよ

SNS

動画サイト

学生生活

芸能

デザイン

ライブ／映像

アニメ／ゲーム

本／写真

その他趣味

二次創作

制度

海外

ビジネス

取締り／裁判

【Q8】

オマージュ、パロディ、パクリは何が違うのですか？

（パクリは問題なのに、パロディやオマージュは許されるのですか？）

パロディやオマージュって
便利な言葉だよね…

Answer！

皆さんが感じるイメージはそれぞれ異なるかもしれませんが、
著作権の世界では差は無いと思います。
ネット上で許されるかどうかは言葉の使い方で変わってくること
もあるかもしれませんね・・・。

【Q9】

よく耳にしますが、海賊版とはどういったもののことを指しているんですか？

漫画はなんとなくわかりますが、グッズなどにもあるんですか？

ゲームソフトやゲーム機などにも
海賊版があるよ！
許せないね。

Answer！

違法コピー品のことです。
漫画だけでなくあらゆるジャンルにありますよ。

パロディは許されるか？

SNS上では、MAD動画や二次創作など他人のコンテンツを元にした二次的コンテンツを目にすることが
多いと思います。これらはどこまで許されるのでしょうか？パロディならOK？オマージュならOK？
著作権の制度では、パロディであってもオマージュであっても「改変」は「改変」ということになります。
パロディ・モンタージュ事件（最高裁昭和55年3月28日判決）では、原作の写真を改変して制作した
パロディ写真が同一性保持権の侵害であると判断されました。
他人のコンテンツを無断で改変した場合、元ネタの作者が嫌がれば基本的にはNGということになります。
ジャンルによっては黙認されることも多いですが、それなりのリスクがあることを理解しておきましょう。

海外 についての質問

【Q1】
世界には最長で何年の著作権の保護期間がありますか?また、その国はどこですか?

100年もあると
相続とか大変そうだなあ～

Answer！
メキシコは著作者の死後100年のようです。
長いですね！
70年と50年の国がほとんどではないでしょうか。

【Q2】
米国が某有名コンテンツの著作権が切れないよう著作権の保護期間を延ばしていて、「延命法」と呼ばれているという話を聞きましたが、まだ延びているのでしょうか?永遠に保護されるのでしょうか?

いろいろ事情が
あるんだろうね…

Answer！
確かに米国ではこれまで著作権の保護期間を延長する法改正が行われてきた経緯があります。
おそらくロビー活動の成果だとは思いますが‥‥‥おや、誰か来たようだ。

SNS

動画サイト

学生生活

芸能

デザイン

ライブ/映像

アニメ/ゲーム

本/写真

その他趣味

二次創作

制度

海外

ビジネス

取締り/裁判

【Q3】

すごくクオリティの高い海賊版を、海賊版だと知らずに買ってしまった場合も危ないですか？
ネット販売で買うと海賊版かどうかわからないと思うのですが…。
海賊版だと知らないで所持している場合は「みなし侵害」（※）に含まれないのでしょうか？
（※）直接的に著作権の侵害をしていなくても著作権の侵害とみなされる行為のこと。
例えば、アニメの海賊版DVDを海賊版と知りつつ転売目的で輸入・所持する行為など。

ネットで何かを購入する時は
販売元をよく確認しよう！

Answer !

「情を知った」上での「頒布目的の所持等」がみなし侵害になります。
知らずに買ってしまった場合の所持はみなし侵害にはなりません。
でも間接的に侵害者に加担することになるので、気を付けましょう。

著作権はいつまで保護されるの？

著作権は創作と同時に発生しますが、未来永劫保護されるわけではありません。
保護期間というものが決まっていて、保護期間が経過すると著作権は消滅します。
ざっくり言うと「著作者（創作をした人）が生きている間＋死亡してから70年間」が保護期間です。
もう少し細かく説明すると、保護期間の終わりは、「著作者が死亡した年の翌年の1月1日から起算して
70年後まで」という計算の仕方をします。例えば著作者が2020年6月13日に亡くなった場合、
2021年1月1日から丸70年間、つまり、2090年12月31日までが著作権の保護期間になります。

著作権の保護期間

原則	著作者の死後70年まで
無名・変名の著作物	公表後70年まで
団体名義の著作物	公表後70年まで
映画の著作物	公表後70年まで

ビジネス についての質問

【Q1】

私の地元には有名な辛麺屋があったのですが、特許をとるのが遅かったために今では色んな店で辛麺があると聞いたことがあります。食べ物(料理)にもそういった権利はあるんですか?

創作性の高いスイーツとかには
著作権は発生しないのかな?

Answer！

レシピ本やブログの「表現」は著作物であることも多いでしょうが、レシピそのものは著作物ではありません。
調味料の製造方法などは特許権で保護されることがあります。
また、味をマネされたくない場合、営業秘密として適切に管理することで、不正競争防止法による保護を受ける方法もあります。

【Q2】

ご当地キャラの著作権はそのキャラクターの作者にあると思うのですが、くまモンの場合は、利用の許諾をしているから、他県や色々なショップでグッズ化できているのでしょうか?
また、くまモンのように利用の許諾をしているものだったらどんなグッズを売っても何も言われないんですか?

めじろんやカボたんの規約が
どうなっているか気になるね

Answer！

くまモンのイラストは著作物なので当然著作権はありますが、熊本県が作者から著作権を譲り受けています。
その熊本県がいろんな人に広く無償で許諾をしているのです。
熊本県が示している規約に沿わない利用をすれば使用できなくなることもあり得ます。
広まった理由は推察の通りです。ちゃんと規約を守れば基本的にはライセンスOKにしているからこれほど広まったのでしょう。

【Q3】

有名キャラクターのイラストが使用された日用品を 100 円均一ショップでよく見ます。
権利者に許可を取って、100 円という安さで販売しているのですか？

コラボ商品などは
たくさんの人の努力の結晶！

Answer！

もちろんライセンス契約をしてお金を支払っているでしょう。
無断でやっていたら裁判沙汰ではないでしょうか。
「ちてきざいさん犬」の日用品も販売されないかなあ…

【Q4】

共同著作物の権利を譲渡・許諾したいとき、他の権利者は「正当な理由がない限り」同意を妨げることはできないようですが、「気持ち的に嫌だ！」というのは正当な理由にならないんですか？
正当な理由とは例えばどんなものですか？

共同で何かを作るときは、
前もって譲渡などについて
話し合っておくのが良いかもね…

Answer！

条文には書いていませんが、例えば「譲渡先の人間が信用できない」とか「ライセンス先の会社が潰れそうでライセンス料が入ってこないおそれがある」とか、そんな理由が考えられると思います。

契約は口頭でも成立する？

民法第522条第1項には「契約は、契約の内容を示してその締結を申し入れる意思表示(以下「申込み」という。)に対して相手方が承諾をしたときに成立する。」とあり、実は一般的な契約は口約束でも成立します。ただし、後日「言った」「言ってない」で紛争になった場合には証拠が必要になるため、普通は大事な契約については契約書を作成することになります。著作権の場合は、どの権利を譲渡するのか、どのような利用を許諾するのか等を明確に定める必要があります。

SNS
動画サイト
学生生活
芸能
デザイン
ライブ/映像
アニメ/ゲーム
本/写真
その他趣味
二次創作
制度
海外
ビジネス
取締り/裁判

取締り/裁判 についての質問

【Q1】

著作権の世界では、「不特定多数」だけでなく、「不特定の少数」や「特定の多数」も「公」に該当すると聞きました。
この「少数」と「多数」の人数の違いが分かりません。何人までが少数で何人からが多数ですか？
「公」に該当する「特定多数」とは何人くらいになるのでしょうか？

個別の事例によって
判断が変わるから要注意…

Answer！

少数は一般的には 50 人くらいまでだと言われていたりもしますが、
時と場合によって個別に判断されるので何とも言えません。
人数で一律に線引きをするのは難しいと思います。

【Q2】

違法アップロードと知りながらダウンロードしてはいけないというのは、TV の CM や授業で知っていましたが、
知らなかった場合は大丈夫なのでしょうか？「知らない」と言えば罪に問われないのでしょうか？
また、違法アップロードと知りながら、ダウンロードせずに見たり聴いたりしてもアウトになるのですか？

聴くだけなら良くない？という
考えは捨てよう！

Answer！

法律上は、知らなかった場合は罪には問われないことになりますね。
しかし、これだけ著作権について意識される時代になったので、普通に
考えると YouTube の違法動画をダウンロードしたり、違法音楽アプリ
で音楽をダウンロードしたりすれば、「知らなかったと言えば OK」なんて
ことは通用しないのではないでしょうか。
ダウンロードしない「ストリーミング視聴」は著作権侵害にはなりません。
これは一人一人の情報モラルの問題です。

SNS

動画サイト

学生生活

芸能

デザイン

ライブ／映像

アニメ／ゲーム

本／写真

その他趣味

二次創作

制度

海外

ビジネス

取締り／裁判

【Q3】

ライブに行ったときによく撮影禁止のルールを破って SNS に投稿している人を見るのですが、なぜもっと取り締まりを強化して、撮影されないようにしないのでしょうか？
また、すべてのライブにおいて撮影がダメではないのでしょうか？

静止画のみ一部撮影 OK とか、
撮影専用席のあるアイドルグループ
も増えてきたよね。

Answer！

取締りの強化は運営側の判断によると思います。
すべてのライブが NG かというと、そうではありません。
日本では撮影禁止のライブが多いですが、海外では割と
OK のものもあります。

【Q4】

TV番組の場面をアップして著作権を侵害している人が捕まらないのは、ネット上で誰がやっているかわからないからですか？侵害行為がテレビ局側にバレたりしないんですか？

番組を切り抜いた動画で
話題になる番組もあるから
黙認もあるのかなあ？

Answer！

もちろん侵害行為として削除要請され、削除されているものも
多くあると思います。
野放しになっているように見えるのは、発見や削除が追い付い
ていなかったり、場合によっては黙認していることもあったり
するからではないでしょうか。
Twitter上ではよく見かけますが、決して、みんながやってい
るからOK、よく見かけるからOKということではありません。

【Q5】

著作権の裁判ってどれくらいお金がかかるのですか？
（授業でいくつも判例を聞いて、なんでも裁判に持ち込んでいる気がしたので…。）

それなりにかかりそう…

Answer！

訴額（相手にいくら払えと請求するか）によって裁判所に納付する
印紙代も変わってきます。
また、弁護士にかかる費用は、一般的には着手金と報酬金があり、
その内容は弁護士によってまちまちです。

【Q6】

違法アップロードされた有償コンテンツを"見た人"はどのように取り締まられるのかが気になりました。
見るだけでも権利の侵害になりますか？

見るのは侵害にならないんだ！と
安心してほしくない！

Answer！

著作権の中に"見る"行為そのものを禁止する権利は無いので、
著作権侵害ではなく、情報モラルの問題となります。
ただし、見るためにその有償コンテンツを"ダウンロード"した
場合は完全にアウトです。

【Q7】

無名の著作物(著作者が誰か分からないコンテンツ)が著作権侵害された場合は、誰が訴えるのだろうと疑問に思いました。誰かが著作者の代わりに侵害者を訴えることはできるのでしょうか?

無名で公表したのに
名乗り出ないといけないなんて…

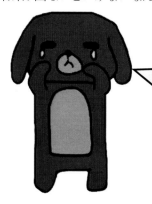

Answer！

権利者が誰かわかりませんからね。
著作物の発行者が各種請求訴訟を提起できます。

【Q8】

どのような侵害をすると、刑事罰が併科(※)されるのでしょうか?
(※)著作権侵害罪の刑罰として懲役と罰金の両方が科されること。

前科一犯とかだと
そこまで悪質ではなくても
併科かな?

Answer！

被害額や社会的インパクトなどを考慮して、やはり悪質な場合だと思います。なお、特許権や商標権の侵害についても併科のルールがあります。

SNS

動画サイト

学生生活

芸能

デザイン

ライブ/映像

アニメ/ゲーム

本/写真

その他趣味

二次創作

制度

海外

ビジネス

取締り・裁判

【Q9】

著作権の場合、民事裁判と刑事裁判のどちらもあるのでしょうか？
両方で罰しようという可能性はあるのでしょうか？

Answer！

民事裁判も刑事裁判もどちらもあり得ます。
ただし、いつも両方あるというわけではありません。
刑事については原則は親告罪なので、権利者が告訴して、警察が捜査
して、検察が起訴すれば刑事裁判になります。
民事の方も、権利者が訴えて初めて民事裁判になります。
なお、誤解が多いのですが、刑事は"罰"がありますが、民事は"罰"は
ありません。民事では被害にあった人が相手のせいで被った損害を
賠償させたり、侵害をやめさせたりする請求になります。

訴えられたくない

【Q10】

海賊版と正規版の違いや見分け方とかってありますか？
自分がもし知らずに海賊版を所持していて、それが発見されて訴えられたらたまったものではありません！

必ず購入する前に出品者（発送元）
の確認をすること！

Answer！

完成度によりますよね。ネットオークションなどは特に注意しましょう。
転売などすると警察沙汰になる可能性もあります。
"何を"売っているかも重要ですが、ネットでは"誰が"売っているかも
極めて重要です。海賊版に手を出さないよう注意しましょう。